W. Rudi Hoffmann

Eisgekühlt zu heißen Rhythmen

Karibische Drinks

FALKEN

Kühl, süss und stark

So sind die meisten der Drinks, die Sie im „Paradies“ willkommen heißen, und kaum ein anderer Landstrich dieser Erde wurde so oft mit dem Garten Eden verglichen wie die Inseln im karibischen Meer. Der erste war sogar Christoph Kolumbus selbst, der sie eigentlich in Westindien vermutete und sie deshalb danach benannte.
Die Bahamas, Kuba, Haiti, die Dominikanische Republik, Jamaika und Puerto Rico sowie die unzähligen Inseln der kleinen Antillen sind die Traumferienziele vieler Menschen. Vor allem deshalb, weil der Sommer dort fast zwölf Monate dauert und somit der Sonnenschein garantiert ist. Kühl sind hier nur die Drinks, die mit allem gemixt werden, was auf den Inseln wächst oder hergestellt wird. Grundlage ist fast immer eine der vielen Rumsorten. Immerhin gibt es davon in der Karibik mehr als bei uns Schnäpse und Brände zusammen. Eine gute Auswahl an Rumsorten ist auch hierzulande zu haben.
Holen Sie sich nun mit den vorgestellten karibischen Drinks ganz einfach ein wenig Urlaubsstimmung nach Hause, und experimentieren Sie auch einmal mit eigenen Kreationen.

Auf Ihr Wohl!

Inhalt

PLANTER'S PUNCH UND CO.

Original-karibische Zutaten, allen voran Rum, exotisch-tropische Liköre und fruchtig-süße Säfte, dazu viel Eis, alles gekonnt gemixt und phantasievoll dekoriert – karibische Drinks sind immer ein voller Erfolg.

Vom Zuckerrohr zum Rum

Schon lange bevor die Spanier ihren Fuß auf San Salvador setzten, war das Zuckerrohr in Europa bekannt. Die subtropische Pflanze stammt aller Wahrscheinlichkeit nach aus dem asiatischen Raum. Vorn dort brachten die Araber sie ins Mittelmeergebiet, wo dann bereits um das Jahr 1000 eine rege Zuckerproduktion im Gange war. Im Laufe der Geschichte und aufgrund der klimatischen Bedingungen verlagerte sie sich später nach Madeira und auf die Kanarischen Inseln, von wo Christoph Kolumbus auf seiner zweiten Reise 1493 das Zuckerrohr in die Neue Welt mitnahm. Doch bis sich dort die erste Zuckermühle drehte, sollte es noch weitere 26 Jahre dauern. Zwar hatten die Spanier den Grundstein gelegt, doch erst Engländer, Franzosen und Dänen beherrschten im 17. und 18. Jahrhundert die schwierige Verarbeitungstechnik und bauten daraufhin das Zuckerrohr in großen Plantagen an. Da Anbau und Ernte der Pflanzen viel Mühe machten, Zuckerrohr nach der Ernte schnell verdirbt und sich die nicht unerheblichen Kosten einer Mühle amortisieren mußten, war der riesige Arbeitsaufwand nur mit Millionen von Sklaven aus Afrika zu bewältigen. Dieser grausame Handel nahm gleichzeitig mit der steigenden Zukkerproduktion seinen Aufschwung.

Wann zum ersten Mal Rum gebrannt wurde, ist nicht bekannt. Die Zuckerrohrbrennerei ist aber bereits im 16. Jahrhundert durch die Holländer aktenkundig.

Zur Zuckerherstellung wird heute wie damals das Zuckerrohr geschnitten, anschließend vermahlen und der Zucker mit Wasser ausgelaugt. Der so entstehende Zuckerrohrsaft wird entfärbt, filtriert und anschließend verdampft, wobei sich die Zuckerkristalle bilden. Der verbleibende, immer noch zuckerhaltige Restsaft, die Melasse, ist neben dem Zuckerrohrsaft selbst Grundsubstanz für die Destillation von Rum. Dazu wird die Melasse verdünnt, mit Dunder (Rückständen aus einem vorangegangenen Brennvorgang) und Skimmings (Schaum, der beim Auskochen des Zuckerrohrs entsteht), Hefepilzen und verschiedenen Aromen versetzt und vergoren. Diese Aromen sind recht unterschiedlich, und ihre Zusammensetzung ist oft ein strenggehütetes Geheimnis.

Nach dem Vergären wird nach unterschiedlichen Verfahren destilliert, bei denen aromareiche Rums (Heavy-Bodied- oder German-Flavoured-Rum), aber auch leichte und mittelschwere Sorten entstehen. Frisch gebrannter Rum ist farblos, erst die Reifung in Fässern, aber auch die Zugabe von Karamel führt zur charakteristisch goldbraunen Farbe. Der weiße Rum reift deshalb meist in Stahltanks.

Heute wird nicht nur auf fast jeder karibischen Insel Rum gebrannt, sondern auch in Südamerika, in den USA und auf Madagaskar. So kommt zum Beispiel aus Guayana ein guter Rum namens Demarara. Die Insel Puerto Rico erzeugt den meisten Rum, allen voran den weltweit

bekannten Bacardi Carta Blanca und Bacardi Carto Oro. Der Rum aus Jamaica ist für seine Schwere und sein reiches Aroma bekannt, wird aber meist mit leichteren Sorten verschnitten. Martinique und Guadeloupe stellen einen sehr feinen, aromareichen Rum her, der jedoch fast nur auf dem französischen Markt erhältlich ist.
Die meisten Rumsorten sind heute ein Verschnitt verschiedener Einzeldestillationen, die sowohl im Herstellungsland als auch im Bestimmungsland gemischt und verfeinert werden können. Dies hat nichts zu tun mit Rumverschnitt, der nur 5% Original-Rum sowie Trinkalkohol und Wasser enthält. Ein Original-Rum wird immer im Herstellungsland abgefüllt und bleibt im Bezugsland unverändert. Sein Alkoholgehalt liegt bei 62–81 Vol.-%. Ein Export-Rum ist ein Original-Rum, dessen Alkoholgehalt auf die Trinkstärke des jeweiligen Bestimmungslandes abgestimmt ist; bei uns muß er mindestens 38 Vol.-% Alkohol besitzen. Echter Rum ist ebenfalls auf Trinkstärke herabgesetzt und wird mit der Herkunftsbezeichnung gehandelt. Bei Übersee-Rum handelt es sich um eine Mischung von Rumsorten aus verschiedenen Herstellungsländern.
Die berauschende Wirkung des vergorenen Zuckerrohrsafts blieb nicht lange verborgen, und so nannte man das Getränk „Rumbellium" nach dem Wort für Unruhe, Aufruhr und Krawall, ein Zustand, der nach allzu häufigem Genuß vor allem unter dem seefahrenden Volk nicht ausblieb. Dies ist auch der Grund, warum Admiral Vernon, genannt Old Grog, seinen Leuten gebot, den Rum mit Wasser zu verdünnen, und damit einen internationalen Rumdrink schuf.

DAS GEHEIMNIS DER ZUTATEN

Um einen original-karibischen Drink zu servieren, bräuchten Sie nicht viel mehr zu tun, als eine Kokosnuß oder eine Ananas zu halbieren, etwas auszuhöhlen und einen ***Rum*** Ihrer Wahl hineinzugießen. Fertig ist ein attraktives, wenn auch ungemein starkes Getränk, bei dem die Raffinesse in der Einfachheit liegt.
Wer mag, kann dies probieren, doch sollte er nicht auf die Vielzahl anderer süffiger karibischer Drinks verzichten, bei denen Rum immer die Hauptrolle spielt.
Welche Zutaten sind nun darüber hinaus für eine karibische Cocktailbar wichtig? Ein Branntwein, der den Rum in einigen Fällen ersetzen kann, ist ***Pitú***. Ebenfalls aus Zuckerrohr, aber in Brasilien hergestellt, ist er ein sogenannter „Aguardente de Cana" und erforderlich für den weltberühmten Drink Caipirinha.
Whiskey, zum Beispiel ein guter Bourbon, ***Calvados***, ein Branntwein aus Cidreäpfeln, und ***Cognac*** sind weitere Branntweine, die Rumgetränke gut ergänzen.
Gemixt wird aber vor allem mit tropischen Likören. Allen voran ist ***Curaçao*** zu nennen, ein Likör aus den sogenannten Curaçao-Orangen, auch karibische Pomeranzen genannt (Curaçao ist eine der niederländischen Antillen). Curaçao Triple sec mit einem Alkoholgehalt von 38 Vol.-% sowie Curaçao orange und blue sind für unsere Cocktails bestens geeignet. Auch ***Cointreau*** und ***Grand Marnier*** werden übrigens auf der Basis der Curaçao-Orangen hergestellt.
Ein weiterer tropischer Likör, der leuchtend-gelbe ***Bananenlikör***, wird aus dem Fruchtfleisch und den Schalen grüner Speisebananen gemacht.
Für ***Crème de Cacao*** bilden, wie sollte es anders sein, Kakaobohnen zusammen mit Vanille die Basis. Er ist sowohl als weißer wie auch als brauner Likör im Handel.
Kräuterliköre, wie ***Crème de Menthe*** mit seinem starken Pfefferminzgeschmack, sind für manchen ungewohnt, doch in einigen Drinks sind sie das Tüpfelchen auf dem i. Sowohl der weiße als auch der grüne Pfefferminzlikör kann, ebenso wie ***Galliano*** (ein italienischer Kräuter- und Gewürzlikör), in exotischen Mixgetränken verwendet werden.
Zwei rote Liköre geben tropischen Cocktails gerne Farbe. Dies sind ***Cherry Heering***, ein dänischer Kirschlikör mit dezenter Süße und herbem Aroma, und ***Crème de Cassis***, ein Likör aus schwarzen Johannisbeeren, der original aus dem Herzen Frankreichs, dem Burgund, kommt.
Auch ***Kokosnußlikör***, wie Batida de Coco, der aus Kokosnüssen, Kokosmilch

und Zucker hergestellt wird, sollte nicht fehlen. Ebenfalls aus Kokosnüssen, aber bereits mit Jamaica-Rum versetzt, ist der Alcotropic ***Malibu***.
Ein klarer ***Anislikör*** (Anisette), ein gelber Marillenlikör ***(Apricot Brandy)***, ein heller Pfirsichlikör ***(Peach Brandy)*** und ein guter ***Eierlikör*** vervollständigen schließlich Ihre Likörbar. Karibische Cocktails als Aperitif? Dann sollten ***Dubonnet*** oder verschiedene ***Vermouthsorten (dry und rosso)*** im Hause sein.
Ein weiterer wichtiger Bestandteil vieler und nicht nur exotischer Drinks ist ***Angostura-Bitter***. Er war ursprünglich ein Mittel gegen Malaria und wird aus den Rinden des auf den Antillen beheimateten Angosturabaums, Orangenschalen, Zimt, Kardamom, Chinarinden und Gewürznelken hergestellt. Er wird meistens nur als Zusatz in Drinks verwendet und selten pur getrunken.

Doch nicht nur Alkoholisches kommt in die karibischen Drinks. Säfte, am besten frisch gepreßt und von exotischen Früchten, sind ebenso wichtig wie verschiedene Sirupe und Limonaden. Wie gesagt, frisch gepreßt ist am besten, was bei Zitrusfrüchten unabdingbar und eigentlich auch nur bei ihnen zu empfehlen ist. Alle anderen Säfte sind in eigener Herstellung meist nicht rentabel, da die Früchte selbst sehr teuer und auch nicht immer in bester Qualität auf dem Markt sind. Gute Säfte für Drinks sind jedoch leicht erhältlich.
Vorrätig sollten Sie folgende Sorten haben:
Ananas-, ***Bananen-***, ***Mango- und Maracujasaft***, ***Rose's Lime-Juice***, eventuell auch ***Grapefruit- und Orangensaft***, wenn Sie diesen nicht frisch herstellen möchten.
Stellvertretend für die Vielzahl an Sirupen möchte ich an dieser Stelle die ***Grenadine***, den leuchtendroten Granatapfelsirup, vorstellen. Weder Saft noch Sirup ist ***Coconut cream***, der vielen Drinks erst den besonderen Geschmack verleiht. Es handelt sich hierbei um ein dickflüssiges Produkt, das im wesentlichen eine gezuckerte Creme aus dem Fruchtfleisch der Kokosnuß ist.
Ein weiterer wichtiger Bestandteil fast aller Drinks ist ***Zucker***. Sie benötigen braunen und weißen Puderzucker (als Raffinade und als Würfel) und auch Honig. Einfacher als mit Kristallzucker läßt es sich mit ***Zuckersirup*** mixen.
Stellen Sie ihn auf Vorrat nach folgendem Rezept (ausreichend für etwa 50 Cocktails) her:
1 Kilogramm Zucker mit 1 Liter Wasser verrühren, bis zum Siedepunkt erhitzen und anschließend erkalten lassen. 2 Zentiliter Zuckersirup entsprechen etwa 1 Barlöffel Zucker.

Kleine Barkunde

Newcomer in der Welt der Cocktails erschrecken vielleicht angesichts der Fülle von Utensilien, die wir Ihnen hier vorstellen. Doch keine Sorge – Sie benötigen nicht gleich alle. Einige lassen sich anfangs einfach durch vorhandene Küchengeräte ersetzen.
Ein ***Shaker*** ist in der Hausbar praktisch unentbehrlich. Mit ihm werden Zutaten gemixt, die sich nur schwer verbinden. In der Regel reicht ein ***Edelstahlshaker (1)*** aus, der aus Becher, Siebeinsatz und Dekkel besteht. Wer jedoch häufig zu Cocktailpartys einlädt, sollte dem ***Boston-Shaker (2)*** den Vorzug geben. Er ist zweiteilig, besteht aus einem Glas- und einem Metallbecher und bewältigt auch größere Mengen. Zur Technik selbst: Geben Sie zuerst das Eis in den Shaker, dann die alkoholfreien Zutaten und zum Schluß die Spirituosen. Schütteln Sie nun 10 bis 20 Sekunden lang, der Shaker sollte dann außen beschlagen sein. Danach wird der Drink in die Gläser gegossen. Wenn Sie mehrere Drinks auf einmal mixen, schenken Sie abwechselnd ein, denn sonst verwässert das Schmelzwasser, das sich unten im Shaker befindet, den letzten Drink.

Im ***Rühr- oder Mixglas (3)***, ersatzweise in einer einfachen Glaskaraffe, werden klare Drinks oder sich leicht verbindende Ingredienzien gemischt. Gießen Sie die abgemessenen Zutaten in das vorgekühlte Glas, rühren Sie mit dem ***Barlöffel (4)*** gut um, und gießen Sie den Drink anschließend durch das ***Barsieb (5)***, den sogenannten Strainer, ins Glas. Dies nennt man „abseihen“. Bei manchen Drinks wird die Flüssigkeit auch mit dem Eis, ohne Barsieb, ins Glas gegossen.
Ein ***Blender (6)*** püriert mühelos Früchte und mixt alle schwer vermengbaren Zutaten, ist also ideal für Drinks, die Eier, Milch oder

Sahne enthalten. Er läßt sich auch gut durch eine Küchenmaschine oder einen Elektromix ersetzen. Zum Abmessen der Zutaten ist ein ***Meßbecher (7)*** unabdingbar. Er ist meistens aus Edelstahl und hat auf der einen Seite eine Einteilung für 2 Zentiliter und auf der anderen meist eine für 4, selten für 5 Zentiliter.
In einem ***Eiskübel (8)*** kann Eis für eine kurze Zeit an der Hausbar aufbewahrt werden. Mit einer ***Eiszange (9)*** oder einer ***Eisschaufel*** wird es dann herausgenommen. Zerstoßenes Eis, das bei karibischen Drinks gerne verwendet wird, können Sie im Eisbereiter herstellen, oder Sie schlagen die Eiswürfel mit einem Hammer in einem Küchentuch klein. Weitere wichtige Utensilien für die Bar sind ein ***Korkenzieher (10)***, ein ***Kronkorkenöffner (11)***, eine ***Fruchtpresse (12)***, eine ***Bargabel (13)*** und ein ***Sektflaschenverschluß (14)***. Ist der Drink nun richtig zubereitet, soll er auch fachgerecht serviert werden. Ein hübsches Glas, eine attraktive Dekoration, und schon wird aus dem einfachsten Cocktail ein Meisterwerk. Welche Gläser sind also richtig? Selbstverständlich alle, die Ihnen gut gefallen. Der Grundstock wird jedoch meist aus einigen hohen Bechern, den sogenannten ***Highballgläsern (15)***, aus ***Longdrinkgläsern (16)***, ***Tumblern (17)***, ***Old-Fashioned-Gläsern (18), Ballongläsern (19)*** und ***Cocktailschalen (20)*** bestehen.
Zur Dekoration karibischer Drinks eignen sich alle exotischen Früchte. Ein kleines ***Obstmesser (21)***, ein ***Schneidebrettchen (22)***, ***Cocktailspieße (23)*** und ein ***Zestenreißer (24)*** für Spiralen von Zitrusfruchtschalen sind zum Herstellen von Dekorationen erforderlich. Ergänzt durch ein paar bunte ***Trinkhalme (25)*** und einige ***Rührstäbe (26)***, ist Ihre Bar nun perfekt ausgestattet.
Bevor es jedoch losgeht, noch eine Faustregel: Ein Longdrink darf nie mehr als 6 Zentiliter Alkohol enthalten, sollte aus maximal fünf Zutaten bestehen (selbst kleinste Mengen, wie Tropfen und Spritzer, zählen dazu) und eine Gesamtmenge von 250 Millilitern (1/4 Liter) nicht überschreiten.

Verlockende Shortdrinks

Lassen Sie sich zum Träumen von Urlaub, Sonne und Meer verführen. In den folgenden eisgekühlten Köstlichkeiten ist der karibische Zauber eingefangen und wird Sie mit jedem Schluck aufs neue begeistern.

Planter's Cocktail I

Für 1 Person

3 Eiswürfel
3 cl Orangensaft
2 cl Zitronensaft
5 cl brauner Rum (Jamaika Rum)
½ Scheibe einer unbehandelten Zitrone
½ Scheibe einer unbehandelten Orange

Die Eiswürfel zusammen mit den Fruchtsäften und dem Rum in einem Shaker kurz, aber kräftig schütteln. Den Cocktail mit dem Eis in einen kleinen Tumbler gießen und mit den Fruchtscheiben dekorieren.
(auf dem Foto: Mitte links)

Banana Daiquiri Cocktail

Für 1 Person

4 Eiswürfel
3 cl Zitronensaft
1 cl Zuckersirup
4 cl weißer oder brauner Rum
2 cl Bananenlikör
1 Scheibe Banane

Die Eiswürfel zusammen mit Zitronensaft, Zuckersirup, Rum und Bananenlikör in einem Shaker kurz, aber kräftig schütteln. Dann den Shortdrink in ein gut gekühltes Cocktailglas seihen und mit der Bananenscheibe dekorieren.
(auf dem Foto: oben rechts)

Planter's Cocktail II

Für 1 Person

3 Eiswürfel
2 cl Zitronensaft
4 cl brauner Rum (Jamaika Rum)
½ Barlöffel Staubzucker
½ Scheibe einer unbehandelten Zitrone
½ Scheibe Limette

Die Eiswürfel zusammen mit dem Zitronensaft, dem Rum und dem Staubzucker in einem Shaker kurz, aber kräftig schütteln. Dann den Cocktail mit dem Eis in einen kleinen Tumbler gießen und mit dem Obst dekorieren.
(auf dem Foto: Mitte rechts)

Cherry Daiquiri

Für 1 Person

6 Eiswürfel
3 cl weißer Rum
2 cl Cherry Brandy
1 cl Kirschwasser
3 cl Rose's Lime-Juice
1 Cocktailkirsche

Die Eiswürfel mit dem weißen Rum, Cherry Brandy, Kirschwasser und Lime-Juice in einem Rührglas gut mischen. Dann den Shortdrink in ein gut gekühltes Cocktailglas seihen und die Kirsche hineingeben.
(auf dem Foto: unten)

Daiquiri

Für 1 Person

4 Eiswürfel
3 cl Zitronensaft
6 cl weißer Rum
2 cl Zuckersirup

Die Eiswürfel zusammen mit dem Zitronensaft, dem Rum und dem Zuckersirup in einem Shaker kurz, aber kräftig schütteln. Dann den Shortdrink in ein gut gekühltes Cocktailglas seihen.
(auf dem Foto: oben links)

Der amerikanische Grubeningenieur Jennings Cox, der in einer Mine in der Nähe der kubanischen Stadt Daiquiri arbeitete, erwartete Gäste und kam arg in Bedrängnis, was er ihnen wohl zum Trinken reichen sollte. Sein Lieblingsgetränk Gin war leider seiner Trinklust zum Opfer gefallen, so daß er nur noch den kubanischen Rum in seiner Bar fand. Trübsinnig ging er in den Garten und überlegte, was er nun wohl tun solle. Da sah er ein paar frische Zitronen am Baum hängen, pflückte sie und mixte den ausgepreßten Saft mit Zucker und dem vorhandenen Rum. Seine Gäste waren begeistert, so daß er dem Getränk gleich den Namen „Daiquiri" nach seinem Wohnort in Kuba gab.

Rum Alexander Cocktail

Für 1 Person

4 Eiswürfel
3 cl brauner Rum
2 cl Crème de Cacao braun
3 cl Sahne
1 Stück Muskatnuß

Die Eiswürfel zusammen mit dem Rum, der Crème de Cacao und der Sahne in einem Shaker kräftig schütteln. Dann den Shortdrink in ein gut gekühltes Cocktailglas seihen und etwas Muskatnuß darüberreiben.
(auf dem Foto: ganz links)

Clarendon Cocktail

Für 1 Person

5 Eiswürfel
1,5 cl Limettensaft
2 cl Grapefruitsaft
4 cl weißer Rum
2 Barlöffel Puderzucker
1 Barlöffel Grenadine

Die Eiswürfel zusammen mit den Fruchtsäften, dem Rum, dem Puderzucker und der Grenadine in einem Shaker kurz, aber kräftig schütteln. Dann den Shortdrink in ein gut gekühltes, großes Cocktailglas seihen.
(auf dem Foto: Mitte links)

Bacardi Cocktail

Für 1 Person

5 Eiswürfel
3 cl Zitronensaft
6 cl weißer Rum (Bacardi)
2 cl Grenadine

Die Eiswürfel zusammen mit dem Zitronensaft, dem Rum und der Grenadine in einem Shaker kurz, aber kräftig schütteln. Dann den Shortdrink in ein gut gekühltes Cocktailglas seihen.
(auf dem Foto: Mitte rechts)

R + H Cocktail

Für 1 Person

5 Eiswürfel
3 cl weißer Rum
2 cl Kirschlikör (Cherry Heering)
2 cl Limettensaft
1 Cocktailkirsche

Die Eiswürfel zusammen mit dem Rum, dem Kirschlikör und dem Limettensaft in ein Rührglas geben und alles gut umrühren. Dann den Shortdrink in ein gut gekühltes Cocktailglas seihen, die Kirsche hineingeben und ein kleines Cocktailspießchen in die Frucht stecken.
(auf dem Foto: ganz rechts)

Golden Clipper

Für 1 Person

4 Eiswürfel
2 cl Orangensaft
4 cl weißer Rum
2 cl Peach Brandy
¼ Scheibe einer unbehandelten Orange

Die Eiswürfel zusammen mit dem Orangensaft, dem Rum und dem Brandy in einem Shaker kurz, aber kräftig schütteln. Dann den Shortdrink in ein gut gekühltes Cocktailglas seihen und es mit der Orangenscheibe dekorieren.
(auf dem Foto oben: links)

Rum Fantasy

Für 1 Person

4 Eiswürfel
4 cl brauner Rum
1 cl Peach Brandy
2 cl Rose's Lime-Juice
1 Scheibe einer Limette oder einer unbehandelten Zitrone

Die Eiswürfel in ein Old-Fashioned-Glas geben. Dann den Rum, den Brandy und den Lime-Juice darübergießen und alles mit einem Cocktailquirl gut umrühren. Die Limetten- oder Zitronenscheibe in das Glas geben.
(auf dem Foto oben: Mitte)

Bushranger

Für 1 Person

4 Eiswürfel
3 cl weißer Rum
3 cl Dubonnet
2 Spritzer Angostura
1 Cocktailkirsche

Die Eiswürfel zusammen mit dem Rum, dem Dubonnet und dem Angostura in einem Rührglas gut verrühren. Dann den Shortdrink in ein gut gekühltes Cocktailglas seihen, die Kirsche hineingeben und ein kleines Cocktailspießchen hineinstecken.
(auf dem Foto oben: rechts)

Sunshine

Für 1 Person

4 Eiswürfel
2 cl Limettensaft
3 cl weißer Rum
2 cl Vermouth dry
1 cl Crème de Cassis
1 Cocktailkirsche

Die Eiswürfel zusammen mit Limettensaft, Rum, Vermouth und Crème de Cassis in einem Shaker kurz, aber kräftig schütteln. Dann den Shortdrink in ein gut gekühltes Cocktailglas seihen, die Kirsche hineingeben und ein kleines Cocktailspießchen hineinstecken.
(auf dem Foto unten: links)

Fluffy Ruffles

Für 1 Person

5 Eiswürfel
4 cl weißer Rum (Havanna Club Rum)
2 cl Vermouth dry
1 Stück Schale einer unbehandelten Zitrone

Die Eiswürfel zusammen mit dem Rum und dem Vermouth in ein Rührglas geben und alles gut umrühren. Dann den Shortdrink in ein gut gekühltes Cocktailglas seihen. Die Zitronenschale mit der gelben Seite nach außen zusammenpressen, so daß das Öl der Schale auf den Cocktail spritzt. Die Schale in den Drink geben.
(auf dem Foto unten: Mitte)

Cherry Rum

Für 1 Person

6 Eiswürfel
3 cl Sahne
3 cl Kirschlikör (Cherry Heering)
4 cl weißer Rum
2 Cocktailkirschen

Die Eiswürfel zusammen mit der Sahne, dem Kirschlikör und dem Rum in einem Shaker kurz, aber kräftig schütteln. Dann den Shortdrink in ein gut gekühltes Cocktailglas seihen und es mit den Kirschen dekorieren.
(auf dem Foto unten: rechts)

El Dorado

Für 1 Person

4 Eiswürfel
4 cl weißer Rum
2 cl Eierlikör
2 cl Crème de Cacao braun
1 TL Kokosraspel
Schokoraspel

Die Eiswürfel zusammen mit Rum, Eierlikör, Crème de Cacao und den Kokosraspeln in einem Blender kurz mixen. Dann den Shortdrink in ein gut gekühltes, großes Cocktailglas seihen und die Schokoraspel vorsichtig darüberstreuen.
(auf dem Foto: oben links)

Pikaki

Für 1 Person

6 Eiswürfel
3 cl Orangensaft
2 cl Zitronensaft
1 cl Grenadine
4 cl brauner Rum
(Jamaika Rum)
1/4 Babyananas

Die Eiswürfel zusammen mit den Fruchtsäften, der Grenadine und dem Rum in einem Shaker kurz, aber kräftig schütteln. Dann den Shortdrink in ein gut gekühltes Cocktailglas seihen und es mit der Ananas dekorieren.
(auf dem Foto: oben rechts)

Carib

Für 1 Person

6 Eiswürfel
2 cl Zitronensaft
1 cl Zuckersirup
3 cl Gin
3 cl Bacardi gold
2 Cocktailkirschen

Die Eiswürfel zusammen mit Zitronensaft, Zuckersirup, Gin und Bacardi in einem Shaker kurz, aber kräftig schütteln. Dann den Shortdrink in ein gut gekühltes Cocktailglas seihen. Die Kirschen auf ein Spießchen stecken und über das Glas legen.
(auf dem Foto: unten links)

Oracabessa

Für 1 Person

6 Eiswürfel
3 cl Zitronensaft
2 cl Bananenlikör
4 cl brauner Rum
3 Bananenscheiben

Die Eiswürfel zusammen mit dem Zitronensaft, dem Bananenlikör und dem Rum in einem Shaker kurz, aber kräftig schütteln. Dann den Shortdrink in ein gut gekühltes Cocktailglas seihen. Die Bananenscheiben mit etwas Zitronensaft beträufeln, auf ein Spießchen stecken und über das Glas legen.
(auf dem Foto: Mitte rechts)

El Presidente

Für 1 Person

5 Eiswürfel
3 cl weißer Rum
1 cl Curaçao triple sec
2 cl Vermouth dry
1 cl Vermouth rosso
1 Spritzer Grenadine
1 Cocktailkirsche

Die Eiswürfel zusammen mit Rum, Curaçao, Vermouth und Grenadine in ein Rührglas geben und alles gut, aber nur kurz umrühren. Den Shortdrink in ein gut gekühltes Cocktailglas seihen und mit der Cocktailkirsche hübsch dekorieren.
(auf dem Foto: unten rechts)

Batista

Für 1 Person

6 Eiswürfel
4 cl brauner Rum
2 cl Grand Marnier
1 Stück Schale einer
unbehandelten Orange

Die Eiswürfel mit dem Rum und dem Grand Marnier in ein Rührglas geben, mischen und den Drink in ein gut gekühltes Cocktailglas seihen. Die Orangenschale mit der orangefarbenen Seite nach außen zusammendrücken, so daß das Öl der Schale in den Shortdrink spritzt, und hineingeben.
(auf dem Foto: Mitte links)

Saxon

Für 1 Person

6 Eiswürfel
Saft von ½ Limette
5 cl weißer Rum
2 Spritzer Grenadine
1 Stück Schale einer unbehandelten Orange

Die Eiswürfel zusammen mit dem Limettensaft, dem Rum und der Grenadine in einem Shaker kurz, aber kräftig schütteln. Dann den Shortdrink in ein gut gekühltes Cocktailglas seihen. Die Orangenschale mit der orangefarbenen Seite nach außen zusammenpressen, so daß das Öl auf den Drink spritzt, und sie dann in das Glas geben.
(auf dem Foto: ganz links)

Rum Gimlet

Für 1 Person

6 Eiswürfel
2 cl Rose's Lime-Juice
4 cl brauner Rum
¼ Limette oder unbehandelte Zitrone

Die Eiswürfel in ein Old-Fashioned-Glas geben, den Lime-Juice und den Rum darübergießen und alles gut umrühren. Das Limetten- oder Zitronenviertel in den Shortdrink ausdrücken und hineingeben.
(auf dem Foto: Mitte links)

Four Flush

Für 1 Person

6 Eiswürfel
3 cl weißer Rum
2 cl Vermouth dry
1 cl Maraschino
2 Spritzer Grenadine
1 Cocktailkirsche

Die Eiswürfel mit dem weißen Rum, Vermouth, Maraschino und Grenadine in einem Rührglas kurz mischen. Dann den Shortdrink in ein gut gekühltes Cocktailglas seihen, die Kirsche hineingeben und ein kleines Cocktailspießchen hineinstecken.
(auf dem Foto: Mitte rechts)

Havanna Club

Für 1 Person

4 Eiswürfel
4 cl weißer Rum (Havanna Club Rum)
2 cl Vermouth rosso
1 Stück Schale einer unbehandelten Zitrone

Die Eiswürfel zusammen mit dem Rum und dem Vermouth in ein Rührglas geben und alles gut umrühren. Dann den Shortdrink in ein gut gekühltes Cocktailglas seihen. Die Zitronenschale zusammenpressen, so daß das Öl der Schale auf den Cocktail spritzt.
(auf dem Foto: ganz rechts)

Ocho Rios

Für 1 Person

6 Eiswürfel
2 cl Zuckersirup
2 cl Rose's Lime-Juice
2 cl Sahne
4 cl Guavennektar
4 cl brauner Rum

Alle Zutaten zusammen in einem Shaker kurz, aber kräftig schütteln. Dann den Shortdrink mit dem Eis in ein gut gekühltes, großes Cocktailglas gießen.
(auf dem Foto: oben links)

Arawak

Für 1 Person

6 Eiswürfel
3 cl brauner Rum
3 cl Sherry cream
1 Spritzer Angostura
1 Cocktailkirsche

Die Eiswürfel mit dem Rum, dem Sherry und dem Angostura in ein Rührglas geben und gut mischen. Den Shortdrink in ein gut gekühltes Cocktailglas seihen, die Kirsche hineingeben und ein Cocktailspießchen hineinstecken.
(auf dem Foto: Mitte links)

Adios Amigos

Für 1 Person

6 Eiswürfel
2 cl Rose's Lime-Juice
3 cl weißer Rum
1 cl Vermouth dry
1 cl Brandy
1 cl Gin

Alle Zutaten zusammen in einem Shaker kurz, aber kräftig schütteln. Dann den Shortdrink in ein gut gekühltes Cocktailglas seihen.
(auf dem Foto: oben rechts)

Columbia

Für 1 Person

4 Eiswürfel
2 cl Himbeersirup
3 cl Zitronensaft
4 cl weißer Rum
3 frische Himbeeren

Die Eiswürfel zusammen mit dem Himbeersirup, dem Zitronensaft und dem Rum in einem Shaker kurz, aber kräftig schütteln. Dann den Shortdrink in ein gut gekühltes Cocktailglas seihen und die Himbeeren hineingeben. Ein Spießchen dazulegen.
(auf dem Foto: Mitte rechts)

Pancho Villa

Für 1 Person

6 Eiswürfel
6 cl Ananassaft
2 cl Cherry Brandy
2 cl Apricot Brandy
2 cl brauner Rum
2 Cocktailkirschen

Die Eiswürfel zusammen mit Ananassaft, Cherry Brandy, Apricot Brandy und Rum in einem Shaker kurz, aber kräftig schütteln. Dann den Shortdrink in ein gut gekühltes Cocktailglas seihen. Die Kirschen auf ein kleines Spießchen stecken und dieses in das Glas geben.
(auf dem Foto: unten links)

Caipirinha

Für 1 Person

2 TL brauner Zucker
1 ½ Limetten
5 cl Pitú (Zuckerrohrschnaps)
kleine Eisstücke

Den Zucker in ein Old-Fashioned-Glas geben. Die Limetten in Viertel teilen, dazugeben und mit einem kleinen Stampfer im Glas ausdrücken. Dann den Pitú und ein halbes Glas Eisstückchen dazugeben und alles gut umrühren.
(auf dem Foto: unten rechts)

Apricot Lady

Für 1 Person

5 Eiswürfel
3 cl brauner Rum
2 cl Apricot Brandy
1 cl Curaçao orange
½ Eiweiß
2 cl Zitronensaft

Alle Zutaten zusammen in einem Shaker lange und kräftig schütteln. Dann den Shortdrink in ein gut gekühltes Cocktailglas seihen.
(auf dem Foto oben: links)

Davis

Für 1 Person

6 Eiswürfel
Saft von 1 Limette
oder 1 Zitrone
1 cl Himbeersirup
3 cl Vermouth dry
3 cl brauner Rum

Alle Zutaten zusammen in einem Shaker kurz, aber kräftig schütteln. Dann den Shortdrink in ein gut gekühltes Cocktailglas seihen.
(auf dem Foto oben: Mitte)

Robinson Crusoe

Für 1 Person

6 Eiswürfel
4 cl Ananassaft
4 cl weißer Rum
¼ Babyananas

Die Eiswürfel zusammen mit dem Ananassaft und dem Rum in einem Shaker kurz, aber kräftig schütteln. Dann den Shortdrink in ein gut gekühltes Cocktailglas seihen und es mit der Ananas dekorieren.
(auf dem Foto oben: rechts)

Atlas

Für 1 Person

6 Eiswürfel
3 cl brauner Rum
1 cl Calvados
2 cl Cointreau
1 Spritzer Angostura
½ Scheibe einer
unbehandelten Orange

Die Eiswürfel zusammen mit Rum, Calvados, Cointreau und Angostura in einem Rührglas gut umrühren. Dann den Shortdrink in ein gut gekühltes Cocktailglas seihen und die halbe Orangenscheibe hineinlegen.
(auf dem Foto unten: links)

Blue Boy

Für 1 Person

6 Eiswürfel
3 cl weißer Rum
3 cl Vermouth rosso
1 Spritzer Orange bitter
1 Spritzer Angostura
1 Stück Schale einer
unbehandelten Zitrone

Die Eiswürfel zusammen mit Rum, Vermouth, Orange bitter und Angostura in einem Rührglas gut umrühren. Dann den Shortdrink in ein gut gekühltes Cocktailglas seihen. Die Zitronenschale mit der gelben Seite nach außen zusammenpressen, so daß das Öl der Schale in den Drink spritzt, und sie dann in das Glas geben.
(auf dem Foto unten: Mitte)

Feigenblatt

Für 1 Person

5 Eiswürfel
2 cl Limettensaft
4 cl weißer Rum
3 cl Vermouth rosso
1 Cocktailkirsche

Die Eiswürfel zusammen mit dem Limettensaft, dem Rum und dem Vermouth in ein Rührglas geben und alles gut umrühren. Den Shortdrink in ein gut gekühltes Cocktailglas seihen, die Kirsche hineingeben und ein kleines Cocktailspießchen hineinstecken.
(auf dem Foto unten: rechts)

BEACH

Für 1 Person

4 Eiswürfel
1 cl Zitronensaft
4 cl weißer Rum
2 cl Crème de Menthe weiß

Alle Zutaten zusammen im Shaker kurz, aber kräftig schütteln. Dann den Shortdrink in ein gut gekühltes Cocktailglas seihen.
(auf dem Foto: ganz links)

DUNLOP

Für 1 Person

6 Eiswürfel
2 cl Sherry
4 cl weißer Rum
1 Spritzer Angostura
1 Stück Schale einer unbehandelten Zitrone

Die Eiswürfel zusammen mit dem Sherry, dem Rum und dem Angostura in einem Rührglas gut umrühren. Dann den Shortdrink in ein gut gekühltes Cocktailglas seihen. Die Zitronenschale mit der gelben Seite nach außen zusammenpressen, so daß das Öl auf den Cocktail spritzt. Dann die Schale in den Cocktail geben.
(auf dem Foto: Mitte links)

Kicker

Für 1 Person

4 Eiswürfel
3 cl brauner Rum
3 cl Calvados
2 cl Vermouth rosso
1 Cocktailkirsche

Die Eiswürfel mit dem Rum, dem Calvados und dem Vermouth in einem Rührglas gut mischen. Dann den Shortdrink in ein gut gekühltes Cocktailglas seihen und die Kirsche hineingeben.
(auf dem Foto: Mitte rechts)

Trophäe

Für 1 Person

4 Eiswürfel
2 cl Limettensaft
1 TL Puderzucker
6 cl brauner Rum
3 Spritzer Angostura

Alle Zutaten zusammen in einem Shaker kurz, aber kräftig schütteln. Dann den Shortdrink in eine gut gekühlte Cocktailschale seihen.
(auf dem Foto: ganz rechts)

Rum Kum

Für 1 Person

6 Eiswürfel
2 cl Bacardi gold
2 cl brauner Rum
2 cl Curaçao orange
3 cl Rose's Lime-Juice
1 Kumquat

Die Eiswürfel mit dem Rum, dem Curaçao und dem Lime-Juice in einem Rührglas gut mischen. Dann den Shortdrink in ein gut gekühltes Cocktailglas seihen. Die Kumquat einschneiden und an den Rand stecken.
(auf dem Foto: oben links)

Gradeal Special

Für 1 Person

6 Eiswürfel
3 cl weißer Rum
2 cl Apricot Brandy
1 cl Gin
1/4 Aprikose

Die Eiswürfel zusammen mit dem Rum, dem Apricot Brandy und dem Gin in einem Rührglas gut umrühren. Dann den Shortdrink in ein gut gekühltes Cocktailglas seihen. Die Aprikose auf ein Cocktailspießchen stecken und ins Glas legen.
(auf dem Foto: oben rechts)

Middletown

Für 1 Person

6 Eiswürfel
4 cl brauner Rum
(Jamaika Rum)
2 cl Gin
3 cl Zitronensaft
2 cl Grenadine
1 Eiweiß

Alle Zutaten zusammen in einem Blender kurz mixen. Dann den Shortdrink in ein gut gekühltes und großes Cocktailglas seihen. Durch das Eiweiß bekommt der Drink eine sehr schöne Schaumkrone.
(auf dem Foto: Mitte links)

Rum Stinger

Für 1 Person

5 Eiswürfel
4 cl brauner Rum
2 cl Crème de Menthe weiß

Alle Zutaten zusammen in einem Rührglas gut mischen. Dann den Shortdrink in ein gut gekühltes Cocktailglas seihen.
(auf dem Foto: Mitte rechts)

Horizon

Für 1 Person

4 Eiswürfel
2 cl Zitronensaft
4 cl brauner Rum
1 cl Anisette
1 cl Grenadine

Alle Zutaten zusammen in einem Shaker kurz, aber kräftig schütteln. Dann den Shortdrink in ein gut gekühltes Cocktailglas seihen.
(auf dem Foto: unten links)

Fox Trot

Für 1 Person

4 Eiswürfel
2 cl Zitronensaft
4 cl weißer Rum
1 cl Cointreau

Alle Zutaten zusammen im Shaker kurz, aber kräftig schütteln. Dann den Shortdrink in ein gut gekühltes Cocktailglas seihen.
(auf dem Foto: unten rechts)

Raffinierte Longdrinks

Phantasievoll dekoriert, eisgekühlt serviert und mit vielen exotischen Zutaten und Spirituosen aufs feinste abgestimmt, so präsentieren sich hier Longdrinks für langen Genuß und heiße Nächte.

Planter's Punch I

Für 1 Person

4 Eiswürfel
3 cl weißer Rum (Bacardi Silver Label)
3 cl brauner Rum (Coruba dunkel)
2 cl Zitronensaft
2 cl Orangensaft
1 cl Zuckersirup
1 Barlöffel Grenadine
1 Scheibe einer unbehandelten Orange
1 Scheibe einer unbehandelten Zitrone
1 Maraschinokirsche
1 Minzzweig

Die Eiswürfel in ein großes Glas geben. Dann Rum, Zitronen- und Orangensaft sowie Zuckersirup und Grenadine darübergießen und alles gut umrühren. Den Longdrink mit der Orangen- und der Zitronenscheibe sowie der Kirsche und dem Minzzweig dekorieren und mit einem Trinkhalm servieren.
(auf dem Foto: links)

Dieser Drink war bei den Plantagenarbeitern sehr beliebt, denn sie mußten für die Arbeit bei Kräften und bei guter Laune bleiben.

Planter's Punch II

Für 1 Person

5 Eiswürfel
6 cl brauner Rum (Myers's Rum)
4 cl Orangensaft
4 cl Ananassaft
3 cl Zitronensaft
2 cl Grenadine
1 cl Zuckersirup
1 Cocktailkirsche
½ Scheibe einer unbehandelten Orange
¼ Scheibe Ananas
½ Scheibe Kiwi
1 dicke Scheibe Banane
1 Minzzweig

Die Eiswürfel in ein großes Ballonglas geben. Dann den Rum, die Fruchtsäfte, die Grenadine und den Zuckersirup darübergießen und alles gut umrühren. Das Obst auf einen langen Spieß stecken und diesen in das Glas stellen. Den Longdrink mit dem Minzzweig dekorieren und mit einem Trinkhalm servieren.
(auf dem Foto: rechts)

Feinschmecker-Tip

Servieren Sie den Planter's Punch auf einem kleinen Teller mit einer Serviette, damit man die Obstschalen darauf ablegen kann.
Wenn der Drink länger steht, beträufeln Sie die Bananenscheibe mit etwas Zitronensaft, dann wird sie nicht braun.

Planter's Punch III

Für 1 Person

zerstoßenes Eis
6 cl brauner Rum
4 cl Limettensaft
1 cl Zuckersirup
¼ Scheibe Ananas
1 Cocktailkirsche
1 Minzzweig

Einen großen Tumbler oder ein hohes Zylinderglas zur Hälfte mit zerstoßenem Eis füllen. Dann den Rum, den Limettensaft und den Zuckersirup darübergießen und alles gut umrühren. Den Longdrink mit der Ananasscheibe, der Kirsche und dem Minzzweig dekorieren. Mit einem Trinkhalm servieren.
(auf dem Foto: Mitte)

Jamaica green

Für 1 Person

6 Eiswürfel
3 cl Zitronensaft
2 cl Zuckersirup
4 cl weißer Rum (Bacardi)
2 cl Crème de Menthe grün
1 Scheibe einer unbehandelten Zitrone

Die Eiswürfel zusammen mit Zitronensaft, Zuckersirup, Rum und Crème de Menthe in einem Shaker kurz, aber kräftig schütteln. Dann den Longdrink mit dem Eis in ein hohes Glas gießen und dieses mit der Zitronenscheibe dekorieren.
(auf dem Foto: ganz links)

Cocoskiss

Für 1 Person

6 Eiswürfel
4 cl Orangensaft
3 cl Maracujasirup
3 cl Malibu
3 cl brauner Rum
1 Minzzweig

Die Eiswürfel zusammen mit Orangensaft, Maracujasirup, Malibu und Rum in einem Shaker kurz, aber kräftig schütteln. Dann den Longdrink in ein hohes Glas gießen und es mit dem Minzzweig dekorieren. Mit einem Trinkhalm servieren.
(auf dem Foto: Mitte links)

TIP TOP

Für 1 Person

4 Eiswürfel
4 cl brauner Rum
(Jamaika Rum)
4 cl Bananensaft
4 cl Maracujasaft
2 cl Zitronensaft
1 Scheibe Banane
1 Cocktailkirsche

Die Eiswürfel zusammen mit dem Rum und den Fruchtsäften in einem Blender kurz mixen. Dann den Longdrink in ein Highballglas gießen. Die Bananenscheibe an den Glasrand stecken und die Kirsche darauf stecken.
(auf dem Foto: Mitte rechts)

DR. FUNK

Für 1 Person

6 Eiswürfel
2 cl Zitronensaft
2 cl Rose's Lime-Juice
3 cl Grenadine
2 cl Pernod
4 cl brauner Rum
Soda

Die Eiswürfel zusammen mit Zitronensaft, Lime-Juice, Grenadine, Pernod und Rum in einem Shaker kurz, aber kräftig schütteln. Dann den Longdrink in ein hohes Glas gießen und mit Soda auffüllen. Mit einem Trinkhalm servieren.
(auf dem Foto: ganz rechts)

Bahia I

Für 1 Person

4 Eiswürfel
6 cl weißer Rum
8 cl Ananassaft
2 Barlöffel Coconut cream
1 Scheibe einer unbehandelten Orange
1 Minzzweig
1/4 Scheibe Ananas

Die Eiswürfel zusammen mit dem Rum, dem Ananassaft und der Coconut cream in einem Blender kurz mixen. Dann den Longdrink in ein Ballonglas gießen und es mit der Orangenscheibe, dem Minzzweig und dem Ananasstück dekorieren.
(auf dem Foto oben: links)

Fog Cutter

Für 1 Person

6 kleine Eiswürfel
3 cl Orangensaft
2 cl Zuckersirup
1 cl Gin
3 cl brauner Rum
2 cl Brandy
2 cl Sherry
1 Minzzweig

Die Eiswürfel zusammen mit Orangensaft, Zuckersirup, Gin, Rum und Brandy in einem Shaker kurz, aber kräftig schütteln. Dann den Longdrink mit dem Eis in ein hohes Glas gießen und den Sherry vorsichtig auf die Oberfläche fließen lassen. Den Drink mit dem Minzzweig dekorieren.
(auf dem Foto oben: Mitte)

Air Mail

Für 1 Person

4 Eiswürfel
2 cl Rose's Lime-Juice
2 TL Honig
4 cl Bacardi gold
Champagner oder Sekt
1 Scheibe einer Limette
1 Cocktailkirsche

Die Eiswürfel zusammen mit dem Lime-Juice, dem Honig und dem Bacardi in einem Shaker kurz, aber kräftig schütteln. Dann den Longdrink mit dem Eis in einen großen Sektkelch gießen und mit Champagner oder Sekt auffüllen. Das Glas mit den Früchten dekorieren.
(auf dem Foto oben: rechts)

Bahia II

Für 1 Person

4 Eiswürfel
4 cl Mangosaft
3 cl brauner Rum
3 cl weißer Rum
3 cl Coconut cream
Früchte der Saison

Die Eiswürfel zusammen mit dem Mangosaft, dem Rum und der Coconut cream in einem Shaker kurz, aber kräftig schütteln. Dann den Longdrink mit dem Eis in ein Highballglas gießen und es mit den Früchten dekorieren.
(auf dem Foto unten: links)

September Morn

Für 1 Person

4 Eiswürfel
6 cl weißer Rum
1 cl Grenadine
2 cl Limettensaft
1 Eiweiß

Alle Zutaten zusammen in einem Blender kurz mixen. Dann den Longdrink in ein großes Ballonglas gießen. Achtung – durch das Eiweiß bildet sich eine Schaumkrone, deshalb langsam einschenken.
(auf dem Foto unten: Mitte)

Rum Daisy

Für 1 Person

4 Eiswürfel
2 cl Himbeersaft
2 cl Zitronensaft
4 cl brauner Rum
Soda
1 Minzzweig

Die Eiswürfel in ein Highballglas geben. Die Fruchtsäfte und den Rum darübergießen und alles gut umrühren. Den Longdrink mit Soda nach Belieben auffüllen und das Glas dekorieren und mit einem Trinkhalm servieren.
(auf dem Foto unten: rechts)

Piña Colada

Für 1 Person

5 Eiswürfel
6 cl weißer Rum
4 cl Ananassaft
1 cl Zitronensaft
3 cl Coconut cream
¼ Scheibe Ananas ohne Schale
½ TL Kokosraspel
¼ Scheibe Ananas und 1 Cocktailkirsche zum Dekorieren

Die Eiswürfel zusammen mit dem Rum, den Fruchtsäften, der Coconut cream, der Ananasscheibe und den Kokosraspeln in einem Blender so lange mixen, bis das Eis und die Ananas zerschlagen sind. Dann den Longdrink in ein Ballonglas gießen und es mit dem Ananasviertel und der Kirsche dekorieren. Mit einem hübschen Trinkhalm servieren.
(auf dem Foto: Mitte)

Feinschmecker-Tip

Servieren Sie den Longdrink ohne Dekoration mit Trinkhalm in einer Kokosnußhälfte.

Zombie

Für 1 Person

4 Eiswürfel
4 cl brauner Rum
2 cl Apricot Brandy
4 cl Ananassaft
2 cl Limetten- oder Zitronensaft
2 cl Orangensaft
2 cl Zuckersirup
¼ Scheibe Ananas
1 Scheibe Banane
1 Scheibe einer unbehandelten Orange

Die Eiswürfel in ein Longdrinkglas geben und den Rum, den Apricot Brandy, die Fruchtsäfte und den Zuckersirup darübergießen. Dann alles gut umrühren. Die Fruchtstücke auf ein Cocktailspießchen stecken und dieses über das Glas legen. Den Longdrink mit einem Trinkhalm servieren.
(auf dem Foto: oben links)

Seinen Namen bekam dieser Drink durch folgende Begebenheit: Als sich ein Gast nach einer langen, feucht-fröhlichen Nacht bei Don The Beachcomber über seinen Kater beschwerte, meinte Don, er solle ihn mit einem kräftigen Drink verscheuchen. Dazu mixte er ihm diesen neuen Drink und fragte den Gast anschließend, wie es ihm denn nun gehe. „Fein", sagte dieser, „nur daß ich mich nun fühle, als sei ich wirklich tot."

Fedora Punch

Für 1 Person

4 Eiswürfel
3 cl brauner Rum (Jamaika Rum)
1 cl Cognac
1 cl Bourbon Whiskey
1 cl Curaçao orange
2 cl Zitronensaft
2 cl Zuckersirup
zerstoßenes Eis
1 Zitronenschalenspirale

Alle Zutaten zusammen in einem Shaker kurz, aber kräftig schütteln. Ein Highballglas zur Hälfte mit zerstoßenem Eis füllen und den Longdrink hineinseihen. Das Glas mit der Zitronenschalenspirale dekorieren.
(auf dem Foto: oben rechts)

Rum Tonic

Für 1 Person

6 Eiswürfel
4 cl brauner Rum
Tonic Water
¼ Limette oder unbehandelte Zitrone

Die Eiswürfel in ein großes Longdrinkglas geben, den Rum darübergießen und mit Tonic auffüllen. Das Limetten- oder Zitronenviertel in den Drink ausdrücken und hineingeben.
(auf dem Foto: unten)

Pink Rum

Für 1 Person

6 Eiswürfel
4 cl brauner Rum
2 cl Rose's Lime-Juice
2 cl Grenadine
Bitter Lemon
¼ Limette

Die Eiswürfel in ein Longdrinkglas geben. Nun den Rum, den Lime-Juice und die Grenadine darübergießen und alles gut umrühren. Den Longdrink mit Bitter Lemon auffüllen. Das Limettenviertel in den Drink ausdrücken und hineingeben. Mit einem Trinkhalm servieren.
(auf dem Foto oben: links)

Hawaiian Banger

Für 1 Person

4 Eiswürfel
4 cl brauner Rum
2 cl Galliano
8 cl Orangensaft
½ Scheibe einer unbehandelten Orange
1 Cocktailkirsche

Die Eiswürfel in ein Longdrinkglas geben. Den Rum, den Galliano und den Orangensaft darübergießen und alles gut umrühren. Die Orangenscheibe und die Kirsche auf ein Spießchen stecken und dieses ins Glas stellen. Mit einem Trinkhalm servieren.
(auf dem Foto oben: Mitte)

Rum Callius

Für 1 Person

6 Eiswürfel
3 cl Zitronensaft
3 cl Zuckersirup
4 cl brauner Rum
Soda
1 Scheibe einer unbehandelten Zitrone
1 Cocktailkirsche

Die Eiswürfel in ein großes Highballglas geben. Zitronensaft, Zuckersirup und Rum darübergießen und alles gut umrühren. Den Longdrink mit Soda auffüllen und das Glas mit der Zitronenscheibe und der Kirsche dekorieren.
(auf dem Foto oben: rechts)

Rum Egg Nogg

Für 1 Person

4 Eiswürfel
1 Eigelb
2 Barlöffel Zucker
4 cl brauner Rum
100 ml eisgekühlte Milch
1 Stück Muskatnuß

Die Eiswürfel zusammen mit dem Eigelb, dem Zukker und dem Rum in einem Shaker kurz, aber kräftig schütteln. Dann den Longdrink mit dem Eis in ein Highballglas gießen und mit der Milch auffüllen. Etwas Muskatnuß darüberreiben.
(auf dem Foto unten: links)

Lumumba

Für 1 Person

3 Eiswürfel
4 cl brauner Rum
100 ml eisgekühlter Kakao
1 TL Schokoraspel

Die Eiswürfel in ein Highballglas geben und den Rum und den Kakao darübergießen. Alles gut umrühren und die Schokoraspel darüberstreuen. Den Longdrink mit einem Trinkhalm servieren.
(auf dem Foto unten: Mitte)

Banana Cow

Für 1 Person

3 Eiswürfel
6 cl brauner Rum
3 cl Zuckersirup
100 ml Milch
½ Banane

Die Eiswürfel zusammen mit dem Rum, dem Zuckersirup und der Milch in einen Blender geben. Die Banane zerdrücken, dazugeben und alles im Blender gut pürieren. Den Longdrink in ein Highballglas gießen und mit einem dicken Trinkhalm servieren.
(auf dem Foto unten: rechts)

Banana Daiquiri

Für 1 Person

5 Eiswürfel
6 cl weißer oder brauner Rum
3 cl Zitronensaft
2 cl Zuckersirup
1/2 Banane
1 dicke Scheibe Banane
1 Cocktailkirsche

Die Eiswürfel zusammen mit Rum, Zitronensaft, Zuckersirup und der halben Banane in einen Blender geben. Diesen so lange laufen lassen, bis die Banane vollständig püriert und das Eis zerschlagen ist. Die Bananenscheibe und die Kirsche auf ein großes Cocktailspießchen stecken, den Longdrink in ein Ballonglas gießen und den Früchtespieß darüberlegen. Mit einem dicken Trinkhalm servieren.
(auf dem Foto: links)

Feinschmecker-Tip

Das Rezept läßt sich ganz einfach in einen „Frozen Strawberry Daiquiri" verwandeln. Geben Sie dafür statt der Banane sechs frische, geputzte Erdbeeren mit in den Blender, und verdoppeln Sie die Eiswürfelmenge. Lassen Sie den Blender so lange laufen, bis ein leichter Schnee entstanden ist.

Mai Tai

Für 1 Person

zerstoßenes Eis
4 cl brauner Rum
(Myers's Rum)
2 cl Curaçao orange
4 cl Orangensaft
2 cl Ananassaft
2 cl Zitronensaft
2 cl Zuckersirup
1 Scheibe Limette
1 Minzzweig

Ein großes Longdrinkglas zur Hälfte mit zerstoßenem Eis füllen und den Rum, den Likör, die Fruchtsäfte und den Zuckersirup darübergießen. Alles gut umrühren. Den Longdrink mit der Limettenscheibe und dem Minzzweig dekorieren und mit einem Trinkhalm servieren.
(auf dem Foto: rechts)

Diesen Drink kreierte der berühmte Barmixer Victor J. Bergeron für seine zwei besten Freunde aus Tahiti. Einer davon nahm einen Schluck und sagte überwältigt: „Mai Tai – Roa Ae“, was ungefähr soviel bedeutet wie „das absolut Beste“.

Santo Domingo

Für 1 Person

5 Eiswürfel
4 cl weißer Rum
2 cl Curaçao blue
6 cl Orangensaft
3 cl Maracujasaft
1 Scheibe Karambole (Sternfrucht)
1 Cocktailkirsche
1 Minzzweig

Die Eiswürfel zusammen mit dem Rum, dem Curaçao und den Fruchtsäften in einen Blender geben und alles kurz mixen. Den Longdrink in ein Highballglas gießen und dieses mit der Karambole, der Kirsche und dem Minzzweig dekorieren. Mit einem Trinkhalm servieren.
(auf dem Foto: oben links)

Caribbean Caper

Für 1 Person

4 Eiswürfel
5 cl brauner Rum (Jamaika Rum)
4 cl Coconut cream
Soda

Die Eiswürfel in ein Longdrinkglas geben. Den Rum und die Coconut cream darübergießen und alles gut umrühren. Den Longdrink mit Soda auffüllen, eventuell nochmals umrühren und mit einem Trinkhalm servieren.
(auf dem Foto: unten links)

Bossa Nova

Für 1 Person

6 Eiswürfel
6 cl Ananassaft
3 cl brauner Rum
2 cl Galliano
1 cl Apricot Brandy
1 Scheibe einer unbehandelten Orange
1/4 Aprikose ohne Stein (aus der Dose)

Die Eiswürfel zusammen mit Ananassaft, Rum, Galliano und Apricot Brandy in einem Shaker kurz, aber kräftig schütteln. Dann den Longdrink mit dem Eis in ein Highballglas gießen und dieses mit der Orangenscheibe und dem Aprikosenviertel hübsch dekorieren.
(auf dem Foto: oben rechts)

Cuba Libre

Für 1 Person

4 Eiswürfel
4–6 cl weißer Rum (Bacardi)
1/4 Limette
150–200 ml Coca-Cola
1 Scheibe Limette

Die Eiswürfel in ein hohes Longdrinkglas geben und den Rum darübergießen. Das Limettenstück in das Glas ausdrücken und dazugeben. Mit der Cola nach Belieben auffüllen und den Drink mit der Limettenscheibe dekorieren.
(auf dem Foto: Mitte rechts)

Rum Highball

Für 1 Person

4 Eiswürfel
4 cl brauner Rum
Ginger-ale nach Belieben
3 Scheiben Limette

Die Eiswürfel in ein Highballglas geben, den Rum darübergießen und das Glas mit Ginger-ale zu drei Vierteln auffüllen. Die Limettenscheiben hineingeben und den Longdrink mit einem hübschen Cocktailstirer servieren.
(auf dem Foto: unten rechts)

Zazarac

Für 1 Person

6 Eiswürfel
2 cl weißer Rum
2 cl Pernod
2 cl Whiskey
2 cl Zuckersirup
2 Spritzer Angostura
1 Stück Schale einer unbehandelten Zitrone

Die Eiswürfel zusammen mit Rum, Pernod, Whiskey, Zuckersirup und Angostura in einem Shaker kurz, aber kräftig schütteln. Dann den Longdrink mit dem Eis in ein Old-Fashioned-Glas gießen. Die Zitronenschale mit der gelben Seite nach außen zusammenpressen, so daß das Öl auf den Drink spritzt, und dazugeben.
(auf dem Foto: Mitte links)

Hawaiian

Für 1 Person

6 Eiswürfel
4 cl Ananassaft
2 cl Grenadine
4 cl brauner Rum
1 Eiweiß
1/4 Scheibe Ananas

Die Eiswürfel zusammen mit Ananassaft, Grenadine, Rum und dem Eiweiß in einem Shaker lange und kräftig schütteln. Dann den Longdrink mit dem Eis in ein Highballglas gießen und dieses mit dem Ananasviertel dekorieren. Mit einem Trinkhalm servieren.
(auf dem Foto oben: links)

A Lulu

Für 1 Person

6 Eiswürfel
3 cl Maracujasaft
3 cl Orangensaft
2 cl Nußlikör
4 cl weißer Rum

Alle Zutaten zusammen in einem Shaker kurz, aber kräftig schütteln. Dann den Longdrink mit dem Eis in einen Tumbler gießen und mit einem Trinkhalm servieren.
(auf dem Foto oben: Mitte)

Martinique

Für 1 Person

4 cl brauner Rum
1 cl Pernod
2 cl Zitronensaft
2 cl Zuckersirup
1 Spritzer Angostura
zerstoßenes Eis

Den Rum zusammen mit Pernod, Zitronensaft, Zuckersirup und Angostura in ein Longdrinkglas gießen. Zerstoßenes Eis nach Belieben dazugeben und alles so lange rühren, bis das Glas beschlägt. Dann mit einem hübschen Trinkhalm servieren.
(auf dem Foto oben: rechts)

Coco Loco

Für 1 Person

4 Eiswürfel
3 cl Maracujasaft
3 cl Orangensaft
3 cl brauner Rum
3 cl Malibu
Früchte der Saison

Die Eiswürfel zusammen mit den Fruchtsäften, dem Rum und dem Malibu in einem Shaker kurz, aber kräftig schütteln. Dann den Longdrink mit dem Eis in ein hohes Glas gießen. Die Früchte auf einen langen Cocktailspieß stecken und diesen in das Glas stellen.
(auf dem Foto unten: links)

Hula Hula

Für 1 Person

4 Eiswürfel
3 cl brauner Rum
(Jamaika Rum)
3 cl weißer Rum
(Havanna Rum)
3 cl Zuckersirup
3 cl Zitronensaft
5 cl Maracujasaft
Früchte der Saison

Die Eiswürfel zusammen mit dem Rum, dem Zuckersirup und den Fruchtsäften in einen Blender geben und alles kurz mixen. Dann den Longdrink in ein Ballonglas gießen und es mit den Früchten dekorieren. Das Getränk mit einem Trinkhalm servieren.
(auf dem Foto unten: Mitte)

Tahiti

Für 1 Person

4 Eiswürfel
8 cl Orangensaft
2 cl Zitronensaft
3 cl brauner Rum
3 cl Malibu
3 Streifen Kokosnuß

Die Eiswürfel zusammen mit den Fruchtsäften, dem Rum und dem Malibu in einem Shaker kurz, aber kräftig schütteln. Dann den Longdrink mit dem Eis in ein Highballglas gießen und den Glasrand mit den Kokosstreifen dekorieren. Mit einem hübschen Trinkhalm servieren.
(auf dem Foto unten: rechts)

Barbados Swizzle

Für 1 Person

1 Limette
5 cl weißer Rum
(Barbados Rum)
1 cl Zuckersirup
1 Spritzer Angostura
zerstoßenes Eis
1 Minzzweig

Die Limette waschen, die Schale spiralförmig abschälen und beiseite stellen. Die Limette halbieren und dann eine Hälfte ausdrücken. Den Rum zusammen mit Zuckersirup, Limettensaft und Angostura in ein Longdrinkglas gießen, dann zerstoßenes Eis dazugeben und alles so lange mit einem Cocktailstirer rühren, bis das Glas beschlägt. Den Minzzweig auf den Drink legen und die Limettenspirale an den Glasrand hängen.
(auf dem Foto: links)

SUPERLONGDRINK „RUDOLFO"

Für 2 Personen

8 Eiswürfel
4 cl brauner Rum
4 cl Amaretto
4 cl Wodka
8 cl Passionsfruchtsaft
8 cl Ananassaft
4 cl Zitronensaft
4 cl Grenadine
1 Scheibe Ananas
Früchte der Saison

Die Eiswürfel in ein großes Ballonglas geben (es sollte ½ Liter Flüssigkeit fassen). Rum, Amaretto, Wodka, Fruchtsäfte und Grenadine darübergießen und alles gut umrühren. Die Ananasscheibe in kleine Stücke schneiden und hineingeben. Das Glas mit Früchten der Saison dekorieren und den Superlongdrink mit zwei Trinkhalmen servieren.
(auf dem Foto: rechts)

Montego Bay

Für 1 Person

- *5 Eiswürfel*
- *2 cl Zitronensaft*
- *2 cl Rose's Lime-Juice*
- *4 cl weißer Rum*
- *1 cl Curaçao blue*
- *zerstoßenes Eis*
- *1/4 Limette*

Die Eiswürfel zusammen mit den Fruchtsäften, dem Rum und dem Curaçao blue in einem Shaker kurz, aber kräftig schütteln. Dann den Longdrink in ein zur Hälfte mit zerstoßenem Eis gefülltes Longdrinkglas seihen. Das Limettenstück hineingeben und den Longdrink mit einem Trinkhalm servieren.
(auf dem Foto: oben links)

Batida

Für 1 Person

- *5 cl Pitú*
- *4 cl Rose's Lime-Juice*
- *2 Barlöffel Honig*
- *4 Eiswürfel*
- *1/2 Limette*

Den Pitú zusammen mit dem Lime-Juice und dem Honig zunächst ohne das Eis in einem Blender kurz mixen, denn der Honig löst sich in kalter Flüssigkeit nur sehr schwer auf. Dann erst das Eis dazugeben, den Blender nochmals kurz laufen lassen und den Longdrink in ein Highballglas gießen. Die Limettenhälfte halbieren, den Saft in den Drink drükken und die Viertel dazugeben.
(auf dem Foto: oben rechts)

Mahukona

Für 1 Person

- *4 cl weißer Rum*
- *2 cl Curaçao triple sec*
- *3 cl Zitronensaft*
- *2 cl Zuckersirup*
- *Eiswürfel*
- *1 Spritzer Angostura*
- *1 Scheibe Ananas*
- *3 Cocktailkirschen*

Den Rum zusammen mit dem Curaçao, dem Zitronensaft und dem Zuckersirup in ein Longdrinkglas gießen. Eiswürfel dazugeben und umrühren. Die Ananasscheibe und die Kirschen in kleine Stücke schneiden und in den Drink geben. Mit einem Spießchen und einem Trinkhalm servieren.
(auf dem Foto: Mitte links)

Chocolate Coco

Für 1 Person

- *6 Eiswürfel*
- *2 cl Zitronensaft*
- *6 cl Ananassaft*
- *2 cl Schokoladensirup*
- *3 cl Malibu*
- *3 cl weißer Rum*
- *Kokosraspel*

Die Eiswürfel zusammen mit Zitronen- und Ananassaft, Schokoladensirup, Malibu und Rum in einem Shaker kurz, aber kräftig schütteln. Mit dem Eis in ein großes Glas mit Kokosrand gießen.
(auf dem Foto: Mitte rechts)

Feinschmecker-Tip

Dekorieren Sie das Glas mit einer Limettenspirale, die Sie auf ein Spießchen wickeln. Den Spieß dann über das Glas legen.

Jamaica Cooler

Für 1 Person

- *4 Eiswürfel*
- *4 cl weißer Rum*
- *100 ml trockener Rotwein*
- *1 cl Zitronensaft*
- *1 cl Orangensaft*
- *3 cl Zuckersirup*
- *1/2 Scheibe einer unbehandelten Zitrone*

Alle Zutaten außer der Zitrone in einem Stielglas verrühren. Das Glas mit der Zitrone dekorieren und den Drink mit einem Trinkhalm servieren.
(auf dem Foto: unten)

TRAUMHAFTE BOWLEN

Verlockend bunt, mit vielen Früchten und eisgekühlten Zutaten zubereitet, sorgen diese Bowlen auf jeder Feier für karibischen Zauber und gute Laune.

Erdbeer-Kiwi-Bowle

Für ca. 15 Personen

150 g frische Erdbeeren
4 Kiwis
2 Flaschen trockener Weißwein (à 700 ml)
4 cl Kiwilikör
4 cl Erdbeerlikör oder -sirup
4 cl weißer Rum
3 EL Zucker
Saft von 1 Zitrone
½ Flasche trockener Rotwein (350 ml)
1 Flasche trockener Sekt (700 ml)

Die Erdbeeren waschen, putzen und vierteln. Die Kiwis schälen, vierteln und in Scheiben schneiden. Dann die Früchte zusammen mit 1 Flasche Weißwein, Kiwilikör, Erdbeerlikör oder -sirup, Rum, Zucker und Zitronensaft in ein Bowlengefäß geben und den Ansatz ungefähr 1 Stunde zugedeckt kühl stellen. Anschließend den restlichen Weißwein und den Rotwein dazugießen und alles gut umrühren. Zum Servieren die Gläser zu zwei Dritteln mit der Bowle füllen und nach Belieben Sekt dazugeben. Die Gläser mit Cocktailspießchen servieren.
(auf dem Foto oben)

Litschibowle

Für ca. 8 Personen

20 Litschis aus der Dose
4 cl Brandy
4 cl Crème de Cassis
Saft von 1 Zitrone
1 Flasche trockener Weißwein (700 ml)
1 Flasche trockener Sekt (700 ml)

Die Litschis in einem Sieb abtropfen lassen, dann in ein Bowlengefäß geben, den Brandy, die Crème de Cassis und den Zitronensaft darübergießen und alles zugedeckt etwa 2 Stunden kühl stellen. Anschließend den Wein dazugießen und alles gut umrühren. Die Bowle kurz vor dem Servieren mit dem Sekt auffüllen, in Gläser geben und mit Cocktailspießchen servieren.
(auf dem Foto unten: links)

Feinschmecker-Tip

Bowlen schmecken nur eisgekühlt so richtig aromatisch und erfrischend. Stellen Sie deshalb die Zutaten vor der Zubereitung längere Zeit in den Kühlschrank.

Mangobowle

Für ca. 8 Personen

2 reife Mangos
6 cl Apricot Brandy
4 cl brauner Rum
Saft von 1 Zitrone
Saft von 1 Orange
2 EL Zucker
1 Flasche trockener Weißwein (700 ml)
1 Flasche trockener Sekt (700 ml)

Die Mangos schälen und das Fruchtfleisch in dünnen Spalten vom Kern abschneiden, denn der Kern läßt sich nur schwer herauslösen. Dann die Spalten in mundgerechte Stükke zerteilen. Die Früchte zusammen mit dem Apricot Brandy, Rum, Orangen- und Zitronensaft sowie Zucker in ein Bowlengefäß geben und alles zugedeckt etwa 1 Stunde kühl stellen. Anschließend den Wein dazugießen und alles gut umrühren. Die Bowle mit dem Sekt auffüllen, in Gläser verteilen und Cocktailspießchen dazugeben.
(auf dem Foto unten: rechts)

PFIRSICHBOWLE

Für ca. 8 Personen

4 reife Pfirsiche
(am besten weiße Pfirsiche)
6 cl Pfirsichlikör
3 cl Curaçao blue
Saft von 1 Zitrone
2 EL Zucker
1 Flasche trockener
Weißwein (700 ml)
1 Flasche trockener
Sekt (700 ml)

Die Pfirsiche schälen, halbieren, die Kerne herauslösen und das Fruchtfleisch in dünne Spalten schneiden. Diese nun eventuell noch halbieren und in ein Bowlengefäß geben. Dann Pfirsichlikör, Curaçao, Zitronensaft und Zucker dazugeben und alles zugedeckt etwa 2 Stunden kühl stellen. Anschließend den Wein dazugießen und gut umrühren. Die Bowle mit dem Sekt auffüllen, in Gläser geben und mit Löffeln für die Früchte servieren.
(auf dem Foto: links)

FEINSCHMECKER-TIP

Wenn Sie die Bowle mit Eiswürfeln kühlen möchten, frieren Sie statt Wasser besser Pfirsichsaft zu Würfeln und geben diese dazu. So verwässert die Bowle nicht.

Melonenbowle

Für ca. 8 Personen

1 große Wassermelone
6 cl Melonenlikör
4 cl Weinbrand
2 EL Zucker
1 Flasche trockener Weißwein (700 ml)
1 Flasche trockener Sekt (700 ml)

Von der Melone oben einen Deckel abschneiden. Dazu die Frucht rundherum zickzackförmig einschneiden und dann den Deckel abnehmen. Das Kernfleisch entfernen und aus dem verbleibenden Fruchtfleisch mit einem Kugelausstecher kleine Kugeln herauslösen. Die Melone sollte gut ausgehöhlt sein. Dann Likör, Weinbrand, Zucker und Wein in die Frucht gießen, die Melonenkügelchen dazugeben und alles zugedeckt etwa 2 Stunden kühl stellen. Vor dem Servieren den Sekt hinzugießen, die Bowle in Gläser füllen und lange Löffel dazu reichen. *(auf dem Foto: rechts)*

Bananenbowle

Für ca. 15 Personen

4 Bananen
Saft von ½ Zitrone
4 cl grüner Bananenlikör
4 cl weißer Rum
3 EL Zucker
2 Flaschen trockener Weißwein (à 700 ml)
2 Flaschen trockener Sekt (à 700 ml)

Die Bananen schälen, in dünne Scheiben schneiden und mit dem Zitronensaft beträufeln, damit sie nicht braun werden. Dann die Scheiben in ein Bowlengefäß geben und den Bananenlikör, den Rum und den Zucker sowie eine Flasche Wein dazugeben. Den Ansatz etwa 1 Stunde zugedeckt kühl stellen. Anschließend den restlichen Wein dazugießen und alles gut umrühren. Die Bowle kurz vor dem Servieren mit dem Sekt auffüllen, dann aber nicht mehr umrühren. Die Bowle in Gläsern mit Cocktailspießchen servieren.
(auf dem Foto: oben)

Kumquatbowle

Für ca. 8 Personen

6 Kumquats
3 EL Zucker
6 cl Cointreau
Saft von 1 Zitrone
1 Flasche trockener Weißwein (700 ml)
1 Flasche trockener Sekt (700 ml)

Die Kumquats gut waschen und in dünne Scheiben schneiden. Dann den Zucker darüberstreuen, den Cointreau und den Zitronensaft darübergießen und alles etwa 1 Stunde zugedeckt kühl stellen. Anschließend den Wein dazugeben und den Ansatz nochmals etwa ½ Stunde kühl stellen. Die Bowle kurz vor dem Servieren mit dem Sekt auffüllen, in Gläser geben und Cocktailspießchen dazugeben.
(auf dem Foto: Mitte)

Karibischer Zauber

Für ca. 8 Personen

2 Karambolen (Sternfrüchte)
3 EL Zucker
4 cl Grand Marnier
4 cl brauner Rum
1 Flasche trockener Weißwein (700 ml)
1 Flasche trockener Sekt (700 ml)

Die Karambolen gut waschen und in dünne Scheiben schneiden. Diese eventuell noch halbieren und dann mit dem Zucker bestreuen. Den Grand Marnier und den Rum darübergießen und den Ansatz etwa 2 Stunden kühl stellen. Anschließend den Wein dazugießen und alles gut umrühren. Die Bowle vor dem Servieren mit dem Sekt auffüllen, in Gläser geben und mit Cocktailspießchen servieren.
(auf dem Foto: unten)

Feinschmecker-Tip

Dekorieren Sie die Gläser mit je einer Karambolenscheibe und einer Cocktailkirsche.

Ananasbowle

Für ca. 10 Personen

5 Scheiben frische Ananas
4 cl Curaçao blue
4 cl brauner Rum
Saft von 1 Zitrone
3 EL Zucker
1 Flasche trockener Weißwein (700 ml)
½ Flasche trockener Rotwein (350 ml)
1 Flasche trockener Sekt (700 ml)

Von den Ananasscheiben die Rinde und den harten Strunk in der Mitte entfernen und die Ringe in mundgerechte Stücke schneiden. Dann die Ananasstückchen zusammen mit Curaçao, Rum, Zucker und Zitronensaft in ein Bowlengefäß geben. Die Hälfte des Weißweins darübergießen und den Ansatz etwa 2 Stunden zugedeckt kühl stellen. Anschließend den restlichen Weißwein und den Rotwein dazugießen und alles gut umrühren. Zum Servieren die Gläser zu zwei Dritteln mit der Bowle füllen und nach Belieben Sekt dazugießen. Mit einem Löffel oder einem Spießchen für die Früchte servieren.

Feinschmecker-Tip

Ersetzen Sie den Rotwein durch die gleiche Menge Ananassaft. So wird die Bowle leichter und fruchtiger.

ISBN: 3-8068-**1150**-4

ISBN: 3-8068-**1151**-2

ISBN: 3-8068-**1152**-0

ISBN: 3-8068-**1153**-9

ISBN: 3-8068-**1154**-7

ISBN: 3-8068-**1155**-5

Eine weitere Auswahl aus unserer Kochbuchreihe:

Lamm
ISBN: 3-8068-**1090**-7

Fisch
ISBN: 3-8068-**0964**-X

Meeresfrüchte
ISBN: 3-8068-**0886**-4

Pfannengerichte
ISBN: 3-8068-**1007**-9

Knoblauch
ISBN: 3-8068-**0867**-8

Kartoffeln
ISBN: 3-8068-**1032**-X

Suppen
ISBN: 3-8068-**1031**-1

Aufläufe
ISBN: 3-8068-**0882**-1

Saucen
ISBN: 3-8068-**0817**-1

Gemüse
ISBN: 3-8068-**1061**-3

Brunch
ISBN: 3-8068-**1033**-8

Kochen mit Mikrowellen
ISBN: 3-8068-**0818**-X

Nudeln
ISBN: 3-8068-**0884**-8

Antipasti
ISBN: 3-8068-**1006**-0

Grillen
ISBN: 3-8068-**0931**-3

Fleischfondues
ISBN: 3-8068-**0966**-6

Schlemmersalate
ISBN: 3-8068-**0934**-8

Kräuterküche
ISBN: 3-8068-**0869**-4

Müsli & Co
ISBN: 3-8068-**0965**-8

Vollwertkost für Kinder
ISBN: 3-8068-**0968**-2

Vollkorngebäck
ISBN: 3-8068-**0816**-3

Desserts
ISBN: 3-8068-**0885**-6

Toasts und Sandwiches
ISBN: 3-8068-**1109**-1

Longdrinks
ISBN: 3-8068-**1062**-1

FALKEN

Rezeptverzeichnis

Abkürzungen:
EL = Eßlöffel
TL = Teelöffel
cl = Zentiliter
ml = Milliliter
g = Gramm

Zum Thema Mixen sind im FALKEN Verlag zahlreiche Bücher erschienen. Fragen Sie Ihren Buchhändler.

ISBN 3 8068 1150 4

Titelbild: Brigitte Harms, Hamburg
Fotos: S. 13 unten, 33 unten und 55 unten: TLC-Foto-Studio GmbH, Velen-Ramsdorf; S. 5 unten: Grauel & Uphoff, Hannover; alle übrigen Fotos: Brigitte Harms, Hamburg
Foodstyling: Jutta Jesse
Gesamtkonzeption: Falken-Verlag GmbH, D-65527 Niedernhausen/Ts.

817 2635 4453